KB100573

1 로봇의 피아노 연주회

- □ **take** [teik] 테이크 — 동 차지하다, 장악하다; 잡다
- □ **worry** [wə́:ri] 워:뤼 — 동 걱정하다 명 걱정, 근심
- □ **replace** [ripléis] 뤼플레이스 — 동 대신하다, 대체하다
- □ **come true** — 실현되다, 이루어지다
- □ **music note** — 악보

  note [nout] 노우트 — 명 음, 음표; 노트
- □ **technique** [tekníːk] 테크니:크 — 명 기술, 기법
- □ **including** [inklúːdiŋ] 인클루:딩 — 전 ~을 포함하여

  cf. include 포함하다
- □ **control** [kəntróul] 컨츄로울 — 동 조절하다
- □ **volume** [váljuːm] 발리:움 — 명 음량, 볼륨
- □ **correctly** [kəréktli] 커뤡틀리 — 부 정확하게
- □ **give a performance** — 공연하다, 연주하다
- □ **audience** [ɔ́ːdiəns] 어:디언쓰 — 명 청중, 관중
- □ **response** [rispáns] 뤼스판스 — 명 반응
- □ **mixed** [mikst] 믹스트 — 형 (의견·생각 등이) 엇갈리는, 뒤섞인

  cf. mix 섞다, 혼합하다
- □ **those who** — ~한 사람들

  ▶ those who enjoyed it 그것을 즐긴 사람들
- □ **emotional** [imóuʃənl] 이모우셔널 — 형 정서의, 감정의
- □ **connection** [kənékʃən] 커넥션 — 명 유대감; 교제; 연결, 접속

  connect [kənékt] 커넥트 — 동 연결하다
- □ **prefer** [prifə́ːr] 프뤼풔:r — 동 ~을 더 좋아하다, 선호하다

Unit 01 | **01**

2 밥 먹고 졸린 데는 이유가 있다!

pp. 14~15

☐ **tired** [taiərd] 타이어ㄹ드 · ⑱ 피곤한, 피로한

☐ **feel the same way** · 똑같이 느끼다

☐ **due to ~** · ~ 때문에(= because of)

☐ **heat** [hi:t] 히:트 · ⑲ 열기, 더위

☐ **body temperature** · 체온

　temperature [témpərətʃər] 템퍼러춰r · ⑲ 온도, 기온

☐ **slow down** · 느려지다, (기력이) 약해지다

☐ **sleep habit** · 수면 습관, 잠버릇

　habit [hǽbit] 해비트 · ⑲ 습관, 버릇

☐ **situation** [sìtʃuéiʃən] 씨츄에이션 · ⑲ 상황, 환경

☐ **night or day** · 밤낮

☐ **similar** [símələr] 씨멀러r · ⑱ 유사한, 비슷한

☐ **pattern** [pǽtərn] 패런 · ⑲ (정해진) 양식, 패턴

☐ **period** [pí:əriəd] 피어뤼어ㄷ · ⑲ 기간, 시기

☐ **fire truck** · 소방차

☐ **take place** · 발생하다(=happen)

3 유튜브 스타 되는 법

☐ **sharing** [ʃέəriŋ] 쉐어링	명 공유 *cf.* share 함께 쓰다, 공유하다
☐ **make a living**	생계를 꾸리다
☐ **create** [kriéit] 크뤼에이트	동 창조하다, 창작하다
☐ **content** [kántent] 칸텐트	명 콘텐츠; 내용
☐ **full-time job**	전업, 전시간 근무의 일
☐ **tip** [tip] 팁	명 조언
☐ **anything** [éniθiŋ] 애니띵	대 무엇이든
☐ **makeup** [méikəp] 메이크업	명 화장
☐ **get tired of**	~에 싫증이 나다
☐ **spend A on B**	A(에너지, 돈, 시간, 노력 등)를 B에 쓰다
☐ **viewer** [vjúːər] 뷰ː어r	명 시청자 *cf.* view (TV를) 보다
☐ **subtitle** [sʌ́btàitəl] 써브타이를	명 자막
☐ **all at once**	한꺼번에, 동시에; 갑자기
☐ **pay attention to**	~에 주목하다, 유의하다
attention [əténʃən] 어텐션	명 관심, 주목
☐ **comment** [káment] 카멘트	명 의견, 댓글; 논평, 언급
☐ **success** [səksés] 썩쎄쓰	명 성공
☐ **overnight** [òuvərnáit] 오버r나이트	부 하룻밤 사이에, 빨리
☐ **follow** [fálou] 팔로우	동 따르다
☐ **catch one's attention**	~의 주목을 끌다
☐ **communicate** [kəmjúːnəkèit] 커뮤ː너케이트	동 의사소통을 하다

4 유대식 토론 학습법, 하브루타

☐ **alone** [əlóun] 얼로운 · · · · · · · · · · · · · · · · · 튀 혼자, 홀로

☐ **environment** [inváiərənmənt] 인**바**이어런먼트 · · · · 명 환경

☐ **Jewish** [dʒúːiʃ] 쥬ː이쉬 · · · · · · · · · · · · · · · 형 유대인의 cf. Jew 유대인

☐ **method** [méθəd] 메써드 · · · · · · · · · · · · · · · 명 방법

☐ **each other** · 서로

☐ **discuss** [diskʌ́s] 디스커ㅆ · · · · · · · · · · · · · · 동 ~에 대해 토론하다

☐ **subject** [sʌ́bdʒikt] 써브직트 · · · · · · · · · · · · · 명 주제; 과목

☐ **actively** [ǽktivli] 액티블리 · · · · · · · · · · · · · · 튀 활발히 cf. active 활동적인

☐ **explain** [ikspléin] 익스플레인 · · · · · · · · · · · · · 동 설명하다

☐ **opinion** [əpínjən] 어피니언 · · · · · · · · · · · · · · 명 의견, 견해, 생각

☐ **differ** [dífər] 디퍼r · · · · · · · · · · · · · · · · · · 동 다르다 cf. different 다른

☐ **persuade** [pərswéid] 퍼r스웨이드 · · · · · · · · · · 동 설득하다

☐ **present** [prizént] 프뤼젠트 · · · · · · · · · · · · · · 동 나타내다, 표시하다

　　　　　　 [préznt] 프뤠즌트 · · · · · · · · · · · · · · 명 선물 형 현재의

☐ **thought** [θɔːt] 쏘ː트 · · · · · · · · · · · · · · · · · 명 생각, 사고

☐ **reasoning** [ríːzəniŋ] 리ː즈닝 · · · · · · · · · · · · · 명 추론, 추리

☐ **become aware of** · · · · · · · · · · · · · · · · · · ~을 알게 되다

☐ **various** [véəriəs] 베어뤼어ㅅ · · · · · · · · · · · · · 형 여러 가지의, 다양한

☐ **viewpoint** [vjúːpɔ̀int] 뷰ː포인트 · · · · · · · · · · · 명 관점, 시각

☐ **wave** [weiv] 웨이브 · · · · · · · · · · · · · · · · · · 명 흔들다; 파도, 물결

☐ **work** [wəːrk] 워ːr크 · · · · · · · · · · · · · · · · · · 동 효과가 있다; 일하다

☐ **seem to ~** · ~처럼 보이다

5 영화의 엔딩을 내 마음대로!

□ **relax**[riléks] 릴랙ㅅ — 통 긴장을 풀다

□ **technology**[teknálədʒi] 테크날러쥐 — 명 (과학) 기술

□ **film**[film] 피음 — 명 영화

□ **interact**[intərǽkt] 인터뢕ㅌ — 통 상호작용을 하다

□ **interactive**[intərǽktiv] 인터뢕티ㅂ — 형 상호작용을 하는

□ **audience**[ɔ́ːdiəns] 어:디언ㅆ — 명 시청자, 관객

□ **depending on** — ~에 따라

□ **choice**[tʃɔis] 초이ㅆ — 명 선택
   cf. make a choice 선택하다

□ **ending**[éndiŋ] 엔딩 — 명 결말 *cf.* end 끝나다

□ **character**[kǽriktər] 캐릭터r — 명 (책·영화 등의) 등장인물

□ **entertainment**[èntərtéinmənt] 엔터r테인먼ㅌ — 명 (영화·음악 등의) 오락(물)

□ **allow ~ to ...** — ~가 …할 수 있게 하다;
   ~에게 …하도록 허락하다

□ **experience**[ikspíəriəns] 익스퓌뤼언ㅅ — 명 경험

□ **running time** — 상영 시간

□ **vary**[véəri] 베어뤼 — 통 달라지다; 다르다, 다양하다

□ **have control over** — ~을 제어[통제]하다

□ **main character** — 주인공

□ **director**[diréktər] 디뤡터r — 명 감독 *cf.* direct 감독하다, 연출하다

6 사랑과 우정, 과연 선택은?

pp. 24~25

☐ **recently**[rí:sntli] 뤼:슨틀리   悳 최근에

☐ **quality**[kwáləti] 퀄러티   몡 (사람의) 자질, 성격, 인품; 질

☐ **fall in love**   사랑에 빠지다

☐ **problem**[prábləm] 프롸블럼   몡 문제

☐ **hang out with**   ~와 시간을 보내다

☐ **choose**[tʃuːz] 츄우ㅈ   동 선택하다

☐ **intend**[inténd] 인텐ㄷ   동 ~하려고 생각하다

☐ **ask someone out**   데이트 신청하다

☐ **friendship**[fréndʃip] 프렌드쉽   몡 우정

☐ **important**[impɔ́ːrtənt] 임포:r턴트   몡 중요한

☐ **two-way street**   상호적 관계, 쌍방향적 상황

☐ **respect**[rispékt] 뤼스펙ㅌ   동 존중하다

☐ **depend on**   ~에 달려 있다

    depend[dipénd] 디펜ㄷ   동 의존하다, 달려 있다

☐ **be aware of**   을 알다, ~을 알아차리다

☐ **wait and see**   두고[기다려] 보다

☐ **things**[θiŋz] 씽즈   몡 상황, 형편

☐ **in time**   조만간, 결국

| 7 | 단어들도 짝이 있다 | pp. 30~31 |

☐ **in a hurry** — 급히, 서두르는

☐ **fast food** — 패스트푸드, 즉석 식품

☐ **expression**[ikspréʃən] 익스프**뤠**션 — 몡 표현 *cf.* express 표현하다

☐ **seem**[si:m] **씨**임 — 됭 (~인 것처럼) 보이다

☐ **natural**[nǽtʃərəl] 내**춰**럴 — 혱 자연스러운

☐ **sound**[saund] **싸**운ㄷ — 됭 ~하게 들리다

☐ **strange**[streindʒ] 스트**뤠**인쥐 — 혱 이상한

☐ **native speaker** — 원어민

  native[néitiv] **네**이티ㅂ — 혱 타고난, 본래의

☐ **for sure** — 확실히

☐ **language**[lǽŋgwidʒ] **랭**귀쥐 — 몡 언어

☐ **own**[oun] **오**운 — 혱 ~자신의

☐ **collocation**[kὰləkéiʃən] 칼러**케**이션 — 몡 연어; 연결, 결합

☐ **allow**[əláu] 얼**라**우 — 됭 ~할 수 있게 하다

☐ **predict**[pridíkt] 프리**딕**ㅌ — 됭 예측하다

8 감기 뚝! 세계의 감기 민간요법

☐ **have a cold** — 감기에 걸리다

☐ **take a bath** — 목욕하다(=bathe)

☐ **try to** — ~하려고 노력하다

☐ **mix**[miks] 믹쓰 — 동 섞다, 혼합하다

☐ **ginger**[dʒíndʒər] 쥔저r — 명 생강

☐ **Finnish**[fíniʃ] 피니쉬 — 형 핀란드(인)의 *cf.* Finland 핀란드

☐ **onion**[ʌ́njən] 어니언 — 명 양파

☐ **chopped**[tʃɑpt] 챱트 — 형 잘게 썬, 다진 *cf.*chop 잘게 자르다

☐ **boil**[bɔil] 보일 — 동 끓이다

☐ **improve**[imprúːv] 임프루ː브 — 동 개선하다, 향상시키다

☐ **blood circulation** — 혈액 순환

   circulation[sèːrkjuléiʃən] 써ːr큘레이션 — 명 순환

☐ **virus**[váiərəs] 봐이러ㅅ — 명 바이러스

☐ **cause**[kɔːz] 코ː즈 — 동 ~을 일으키다

☐ **heat**[hiːt] 히ː트 — 명 열, 뜨거움 동 뜨겁게 만들다

☐ **active**[ǽktiv] 액티브 — 형 활발한, 활동적인

☐ **that's why ~** — 그게 바로 ~인 이유이다

☐ **spread**[spred] 스쁘뤠ㄷ — 동 퍼지다

☐ **example**[igzǽmpl] 이그잼쁠 — 명 예, 사례

☐ **common**[kámən] 카먼 — 형 공통의, 흔한

☐ **cure**[kjuər] 큐어r — 명 치료(법)

9 천재들의 모임, 멘사

pp. 34~35

☐ **choice** [tʃɔis] 초이ㅆ · 몡 선택

☐ **complete** [kəmplíːt] 컴플리ː트 · 동 ~을 완전하게 만들다; 완료하다 혱 완벽한

☐ **series** [síəriːz] 씨뤼ːㅈ · 몡 연속, 일련

☐ **correctly** [kəréktli] 커뤡틀리 · 뷔 정확하게 *cf.* correct 정확한

☐ **international** [intərnǽʃənəl] 인터r내셔널 · 혱 국제적인

☐ **genius** [dʒíːnjəs] 쥐ː니어ㅆ · 몡 천재

☐ **come from** · ~에서 나오다, 비롯되다

☐ **Latin** [lǽtən] 래튼 · 혱 라틴어의

☐ **member** [mémbər] 멤버r · 혱 회원

☐ **race** [reis] 뤠이ㅆ · 몡 인종; 경주

☐ **nationality** [næ̀ʃənǽləti] 내셔낼러티 · 몡 국적

☐ **social** [sóuʃəl] 쏘우셜 · 혱 사회적인

☐ **background** [bǽkgràund] 백그롸운ㄷ · 몡 배경

☐ **around** [əráund] 어롸운ㄷ · 뷔 약, 대략

☐ **throughout** [θruːáut] 쓰루ː아웃 · 젼 ~의 도처에, 전체에

☐ **rank** [ræŋk] 뤵ㅋ · 동 (순위를) 차지하다 몡 순위

☐ **have ~ in common** · ~을 공통으로 가지고 있다

☐ **intelligence** [intélədʒəns] 인텔리줜ㅆ · 몡 지능

☐ **IQ** · 지능 지수(= Intelligence Quotient)

☐ **population** [pàpjuléiʃən] 파쁄레이션 · 몡 인구

☐ **well-known for** · ~으로 잘 알려진

☐ **intelligent** [intélədʒənt] 인텔리줜ㅌ · 혱 총명한, 똑똑한

☐ **have a chance to** · ~할 기회가 있다

☐ **share** [ʃɛər] 쉐어r · 동 공유하다

☐ **talent** [tǽlənt] 탤런트   몡 재주, 재능

☐ **participate in**   ~에 참가하다

  participate [pɑːrtísəpèit] 파ːr티써페이트   동 참여하다, 참가하다

☐ **research** [risɔ́ːrtʃ] 뤼써ːr취   몡 연구

☐ **social activity**   사회 활동

☐ **be interested in**   ~에 관심이 있다

  interested [íntərəstid] 인터뤠스티드   혱 관심 있는

☐ **why not ~?**   ~하는 게 어때?

☐ **equal** [íːkwəl] 이ː크월   혱 평등한

☐ **creative** [kriéitiv] 크뤼에이리브   혱 창의적인

☐ **talented** [tǽləntid] 탤런티드   혱 재능 있는

Unit 4

☐ **since** [sins] 씬쓰	접 ~이므로, ~때문에
☐ **familiar with**	~에 익숙한, 친숙한
☐ **familiar** [fəmíljər] 퍼밀리어r	형 익숙한, 친숙한
☐ **area** [ɛ́əriə] 에어리어	명 지역
☐ **park** [pɑːrk] 파:r크	동 주차하다 명 공원
☐ **along** [əlɔ́ːŋ] 얼러:엉	전 ~을 따라서
☐ **come out**	나오다
☐ **stand** [stænd] 스땐드	동 서다, 서 있다
☐ **beside** [bisáid] 비싸이드	전 ~의 옆에
☐ **illegal** [ilíːgəl] 일리:걸	형 불법의, 위법의 (↔ legal 합법의)
☐ **fine** [fain] 파인	명 벌금 형 좋은 ▶ pay a fine 벌금을 내다
☐ **sign** [sain] 싸인	명 표지, 간판
☐ **point to**	~을 가리키다
point [pɔint] 포인트	동 가리키다
☐ **that's why ~**	그것이 ~한 이유이다
☐ **break the law**	법을 어기다
☐ **tell a lie**	거짓말하다
☐ **brightly** [bráitli] 브롸이틀리	부 환하게; 밝게

11 로미오와 줄리엣 효과

☐ **attraction** [ətrǽkʃən] 어츄**뢕**션   몡 사람의 마음을 끄는 것, 매력

☐ **attract** [ətrǽkt] 어츄**뢕**트   동 마음을 끌다

☐ **each other**   서로

☐ **be about to**   막 ~하려고 하다

☐ **disappear** [dìsəpíər] 디써**피**어r   동 사라지다

☐ **feel like ~**   ~하고 싶다

    ▶ feel like eating something
      무언가가 먹고 싶다

☐ **method** [méθəd] **메**써ㄷ   몡 방법

☐ **seller** [sélər] **쎌**러r   몡 판매자 (↔ buyer 구매자)

☐ **shout** [ʃaut] **샤**우트   동 소리치다, 외치다

☐ **left** [left] **레**프트   몡 남은 cf. leave 남기다

☐ **be gone**   없어지다

☐ **get scared**   겁먹다

☐ **right away**   즉각, 즉시

☐ **sale** [seil] **쎄**일   몡 판매, 세일

☐ **goods** [gudz] **굳**즈   몡 상품, 제품

☐ **product** [prádəkt] 프**롸**덕트   몡 상품, 제품

☐ **empty** [émpti] **엠**프티   혱 비어 있는, 빈 (↔ full)

12 사랑의 신, 에로스의 두 화살

□ **back**[bæk] 백 | 부 되받아, 대응하여
□ **god**[gɑd] 가드 | 명 신, 하느님
□ **trick**[trik] 츄릭 | 명 속임수, 장난
□ **mythology**[miθɑ́lədʒi] 미썰러쥐 | 명 신화
□ **playful**[pléifəl] 플레이펄 | 형 장난기 많은, 놀기 좋아하는
□ **wing**[wiŋ] 윙 | 명 날개
□ **arrow**[ǽrou] 애로우 | 명 화살
□ **golden**[góuldən] 고울든 | 형 금으로 만든
□ **point**[pɔint] 포인트 | 명 (화살의) 촉, (사물의 뾰쪽한) 끝
□ **fall in love** | 사랑에 빠지다
□ **lead**[led] 레드 | 명 납
　　[liːd] 리ː드 | 동 이끌다
□ **run away** | 달아나다
□ **play trick** | 장난치다, 놀리다
□ **heart**[hɑːrt] 하ː르트 | 명 심장; 마음
□ **instantly**[ínstəntli] 인스떤틀리 | 부 즉시
□ **chase**[tʃeis] 췌이ㅆ | 동 뒤쫓다
□ **the woods** | 명 숲 cf. wood 나무
□ **be responsible for** | ~에 책임이 있다
　responsible[rispánsəbl] 뤼스빤써블 | 형 책임 있는, 책임을 져야 할
□ **make fun of** | ~을 놀리다, 비웃다

13 성별을 바꿀 수 있는 물고기 pp. 48~49

☐ **female** [fíːmeil] 피:메이을 — 몡 암컷, 여성 혱 암컷, 여성(인)

☐ **turn into** — ~으로 바뀌다, 변하다

☐ **male** [meil] 메이을 — 몡 수컷, 남성 혱 수컷, 남성(인)

☐ **animal kingdom** — 동물계
  cf. kingdom (자연계를 세 가지로 구분한) …계

☐ **ability** [əbíləti] 어빌러티 — 몡 능력

☐ **sex** [seks] 쎅쓰 — 몡 성, 성별

☐ **therefore** [ðɛ́ərfɔːr] 데얼포:어r — 몦 그러므로

☐ **mate** [meit] 메이트 — 동 (동물이) 짝짓기를 하다

☐ **far away** — 멀리

☐ **what if ~?** — ~라면 어떻게 될까?, ~면 어쩌지?

☐ **in that case** — 그런 경우에는

☐ **half** [hæf] 해프 — 몡 반, 절반

☐ **simply** [símpli] 씸플리 — 몦 간단히

☐ **tiny** [táini] 타이니 — 혱 아주 작은

☐ **protect A from B** — A를 B로부터 보호하다

☐ **dangerous** [déindʒərəs] 데인줘러쓰 — 혱 위험한

☐ **astronaut**[ǽstrənɔ̀ːt] 애스트러너ː트   명 우주 비행사

☐ **spaceship**[spéisʃip] 스페이스쉽   명 우주선

☐ **quite**[kwait] 콰이트   부 상당히, 꽤

☐ **challenge**[tʃǽlindʒ] 췔린쥐   명 어려움; 도전

☐ **gravity**[grǽvəti] 그뤠버티   명 중력

☐ **float**[flout] 플로우트   동 (물 위나 공중에서) 떠돌다, 떠 가다; 뜨다

☐ **imagine**[imǽdʒin] 이매쥔   동 상상하다

☐ **drops of ~**   몇 방울의

☐ **explain**[ikspléin] 익스플레인   동 설명하다

☐ **everywhere**[évriwὲər] 에브뤼웨어r   명 모든 곳 부 어디나

☐ **straw**[strɔː] 스뜨뤄ː   명 빨대

☐ **similarly**[símələrli] 씨멀러r리   부 비슷하게, 유사하게

☐ **get inside**   ~ 안에 들어가다

☐ **sleeping bag**   침낭

☐ **safety belt**   안전벨트

☐ **prevent A from B**   A가 B하는 것을 막다

    prevent[privént] 프뤼벤트   동 막다

☐ **get hurt**   다치다

☐ **despite**[dispáit] 디스파이트   전 ~에도 불구하고(=in spite of)

☐ **can't wait to**   빨리 ~하고 싶다, ~하는 것이 기대된다

☐ **go back to**   ~로 돌아가다

☐ **view**[vjuː] 뷰ː   명 경관, 전망

☐ **planet**[plǽnit] 플래니트   명 행성

☐ **worth all the trouble**   고생할 가치가 있는

15 알고리즘과 코딩

□ **give ~ instructions** ~에게 명령 하다, 지시하다

  instruction[instrʌ́kʃən] 인스트뤽션 명 지시

□ **let's say** ~라고 가정해 보자, 이를테면

□ **secretary**[sékrətèri] 쎄크러테뤼 명 비서

□ **step**[step] 스떼ㅍ 명 단계

□ **build**[bild] 빌ㄷ 동 만들어 내다, 개발하다

□ **a series of** 일련의

□ **solve**[salv] 쌀ㅂ 동 풀다, 해결하다

□ **particular**[pərtíkjələr] 퍼r티큘러r 형 특정한

□ **unfortunately**[ʌnfɔ́ːrtʃənitli] 언퍼r춰닡리 부 유감스럽게도(↔ fortunately)

□ **human being** 사람, 인간

□ **detailed**[díteild] 디테일ㄷ 형 상세한, 자세한

□ **direction**[dirékʃən] 디뤡션 명 지시, 명령

□ **every + 수사 + minutes** ~분마다

  ▶ every two minutes 2분마다 한 번 씩

□ **see if** ~인지 확인하다

□ **sender**[séndər] 쎈더r 명 보내는 사람, 발송자

□ **pop-up** 팝업창

□ **screen**[skriːn] 스끄뤼인 명 화면

□ **translate A into B** A를 B로 번역하다

□ **be referred to as** ~로 불리다

  cf. refer to A as B A를 B라고 부르다

□ **coding**[kóudiŋ] 코우딩 명 코딩, 부호화

□ **necessary**[nésəsèri] 네써쎄뤼 형 필요한, 필수적인

Unit 6

16 인터넷 자료 제대로 쓰기

pp. 56~57

☐ **these days** 요즘에는

☐ **copy** [kápi] 카피 동 복사하다, 베끼다

☐ **paste** [peist] 페이스트 동 붙이다

☐ **information** [ìnfərméiʃən] 인퍼r메이션 명 정보, 자료

☐ **source** [sɔːrs] 쏘ːrᄊ 명 자료, (자료의) 출처; 원천

☐ **huge** [hjuːdʒ] 휴ː쥐 형 엄청난, 막대한

☐ **steal** [stiːl] 스띠일 동 (생각·저작 등을) 도용하다; 훔치다

☐ **morally** [mɔ́ːrəli] 모ː럴리 부 도덕적으로

☐ **break the copyright law** 저작권법을 어기다, 위반하다

  break [breik] 브뤠이크 동 (법, 약속 등을) 어기다

☐ **copyright** [kápiràit] 카피롸이트 명 저작권, 판권

☐ **avoid** [əvɔ́id] 어보이드 동 방지하다, 피하다

☐ **paraphrase** [pǽrəfrèiz] 패러프레이ᄌ 동 다른 말로 바꾸어 표현하다

☐ **or** [ɔːr] 오어ːr 접 즉

☐ **rewrite** [rìːráit] 뤼롸이트 동 다시 (고쳐) 쓰다

☐ **original** [ərídʒənəl] 어뤼쥐널 형 원래의, 본래의

☐ **content** [kántent] 칸텐트 명 내용

☐ **provide** [prəváid] 프러바이드 동 제공하다, 공급하다

☐ **include** [inklúːd] 인클루ː드 동 포함하다, ～을 포함시키다

☐ **at least** 적어도, 최소한

☐ **based on** ～에 근거하여

☐ **thought** [θɔːt] 쏘트 명 생각

☐ **in addition** 또한, 게다가, ~에 덧붙여

☐ **every time** ~할 때마다

☐ **quote** [kwout] 쿼우ㅌ ⑧ 인용하다

☐ **cite** [sait] 싸이ㅌ ⑧ 언급하다; 인용하다

☐ **bottom** [bátəm] 바럼 ⑲ 맨 아래 (부분) (↔ top)

☐ **that way** 그런 식으로, 그와 같이

☐ **actually** [ǽktʃuəli] 액츄얼리 ⑨ 실제로

☐ **B as well as A** A뿐만 아니라 B도
(=not only A but also B)

17 십 대들의 우정

- **friendship** [fréndʃip] 프렌드쉽   몡 우정
- **teenager** [tíːnèidʒər] 티:네이줘r   몡 십 대(=teen)
- **for one thing**   우선 첫째로
- **hang out**   함께 시간을 보내다, 어울리다
- **conversation** [kὰnvərséiʃən] 칸버r쎄이션   몡 대화
- **in other words**   즉, 다시 말하면
- **reflect** [riflékt] 뤼플렉트   동 나타내다, 반영하다
- **growth** [grouθ] 그로우쓰   몡 성장 *cf.* grow 자라다, 성장하다
- **thinking ability**   사고 능력
  - **ability** [əbíləti] 어빌러티   몡 능력
- **such as**   ~와 같은
- **admire** [ədmáiər] 어드마이어r   동 동경하다; 존경하다
- **interact with**   ~와 상호작용을 하다
  - **interact** [ìntərǽkt] 인터뤨트   동 상호작용을 하다
- **focus on**   ~에 집중하다; 초점을 맞추다

18 믿으면 이루어진다! 피그말리온 효과 pp. 60~61

- [ ] **mythology**[miθálədʒi] 미쌀러쥐 　　　　　명 신화

- [ ] **sculptor**[skʌ́lptər] 스컬프터r 　　　　　명 조각가 *cf.* sculpture 조각품

- [ ] **ivory**[áivəri] 아이버뤼 　　　　　명 상아

- [ ] **not take one's eyes off** 　　　　　~에서 눈을 떼지 못하다

- [ ] **statue**[stǽtʃuː] 스때츄: 　　　　　명 조각상

- [ ] **pray**[prei] 프뤠이 　　　　　동 기도하다, 빌다

- [ ] **goddess**[gɑ́dis] 가디ㅅ 　　　　　명 여신

- [ ] **turn A into B** 　　　　　A를 B로 바꾸다

- [ ] **come to life** 　　　　　살아나다

- [ ] **effect**[ifékt] 이펙트 　　　　　명 효과, 영향

- [ ] **expectation**[èkspektéiʃən] 엑스펙테이션 　　　　　명 기대 *cf.* expect 기대하다
  ▶ meet an expectation 기대에 응하다

- [ ] **performance**[pərfɔ́ːrməns] 퍼r포:r먼ㅆ 　　　　　명 성과, 실적

- [ ] **ability**[əbíləti] 어빌러티 　　　　　명 능력

- [ ] **self-confidence**[sèlfkɑ́nfidəns] 쎌프칸피던ㅆ 　　　　　명 자신감, 자신

- [ ] **perform**[pərfɔ́ːrm] 퍼r포:r엄 　　　　　동 (일, 의무 등을) 행하다, 수행하다

- [ ] **relationship**[riléiʃənʃip] 륄레이션쉽 　　　　　명 관계

- [ ] **faith**[feiθ] 풰이ㅆ 　　　　　명 믿음, 신뢰

Unit 07

19 객관식 시험 만점 받는 비결

☐ **do well on a test** — 시험을 잘 보다

☐ **tip** [tip] 팁 — 명 비결, 비법

☐ **over and over again** — 반복해서

☐ **contain** [kəntéin] 컨테인 — 동 ~을 가지다, 포함하다

☐ **underline** [ʌ́ndərlàin] 언더ᵣ라인 — 동 밑줄을 치다

☐ **key** [ki:] 키 — 형 핵심적인, 가장 중요한 명 열쇠

☐ **incorrect** [ìnkərékt] 인커뤡트 — 형 틀린, 옳지 않은 (↔ correct 옳은)

☐ **eliminate** [ilímənèit] 일리머네이트 — 동 삭제하다, 없애다 (= remove)

☐ **remaining** [riméiniŋ] 뤼메이닝 — 형 남아 있는 cf. remain 남아 있다

☐ **save** [seiv] 쎄이ㅂ — 동 절약하다, 아끼다; 구하다

☐ **chance** [tʃæns] 췐쓰 — 명 가능성; 기회

☐ **select** [silékt] 씰렉트 — 동 선택하다

☐ **be likely to** — ~할 것 같다, ~일 가능성이 있다

☐ **wrong** [rɔːŋ] 뤄:엉 — 형 틀린

☐ **absolute** [ǽbsəlùːt] 앱썰루:트 — 형 절대적인, 절대의

☐ **pay attention to** — ~에 유의하다, 주목하다

☐ **certain** [sə́ːrtən] 써:ᵣ튼 — 형 특정한

☐ **cross out** — 줄을 그어 지우다

20 꿀이 있는 곳으로 안내하는 새   pp. 68~69

☐ **amazing** [əméiziŋ] 어메이징   휑 놀라운

☐ **by itself**   홀로, 혼자

☐ **discover** [diskʌ́vər] 디쓰커버r   동 발견하다 cf. discovery 발견

☐ **nest** [nest] 네스트   명 둥지

☐ **attention** [əténʃən] 어텐션   명 관심, 주목

☐ **once** [wʌns] 원쓰   접 일단 ~하면

☐ **guide** [gaid] 가이드   명 안내 동 안내하다

☐ **lead** [liːd] 리ː드   동 안내하다, 이끌다

☐ **make a fire**   불을 피우다

☐ **leave** [liːv] 리ː브   동 떠나다

☐ **take out**   꺼내다, 빼다

☐ **never forget to**   ~하는 것을 잊지 않다

    forget [fərgét] 퍼r겥   동 잊다

☐ **return a favor**   호의에 보답하다

    favor [féivər] 페이버r   명 호의, 친절

☐ **happen** [hǽpən] 해쁜   동 일어나다, 발생하다

☐ **as thanks**   감사의 표시로

☐ **cheat** [tʃiːt] 취ː트   동 속이다

☐ **steal** [stiːl] 스띠일   동 훔치다

☐ **scary** [skέəri] 스께어뤼 　　　　형 무서운, 겁나는

☐ **destroy** [distrɔ́i] 디스츄뤄이 　　　　동 파괴하다

☐ **scene** [si:n] 씨:인 　　　　명 장면

☐ **science fiction** 　　　　공상 과학

☐ **various** [vέəriəs] 베어뤼어쓰 　　　　형 다양한, 여러 가지의

☐ **fast-moving** 　　　　고속의

☐ **observe** [əbzɔ́:rv] 업저:r브 　　　　동 관측하다, 관찰하다

☐ **for the first time** 　　　　처음으로

☐ **attack** [ətǽk] 어택 　　　　명 공격

☐ **cause** [kɔ:z] 커:즈 　　　　동 ~을 야기하다, 초래하다

☐ **serious** [síəriəs] 씨어뤼어쓰 　　　　형 심각한

☐ **damage** [dǽmidʒ] 대미쥐 　　　　명 피해 동 해치다

☐ **powerful** [páuərfəl] 파워r펄 　　　　형 강력한 cf. power 힘, 권력

☐ **nuclear bomb** 　　　　핵폭탄

　　nuclear [njú:kliər] 뉴:클리어r 　　　　형 핵의, 핵무기의

　　bomb [bam] 밤 　　　　명 폭탄

☐ **possibility** [pàsəbíləti] 파써빌러티 　　　　명 가능성 cf. possible 가능한

☐ **object** [ábdʒikt] 아브쥑트 　　　　명 물체, 대상

☐ **on one's way to** 　　　　~로 가는 길에

☐ **course** [kɔ:rs] 코:r스 　　　　명 방향, 항로

22 스스로 죽는 세포들 pp. 74~75

☐ **cell**[sel] 쎄을 · 명 세포

☐ **unit**[júːnit] 유ː니ㅌ · 명 구성 단위, 단위

☐ **a huge number of** · 엄청나게 많은
cf. a number of (= many) 많은

☐ **just like** · 마치 ~처럼

☐ **kill oneself** · 자살하다

☐ **common**[kámən] 카먼 · 형 흔한 (↔ unique 독특한)

☐ **get rid of** · ~을 없애다, 제거하다

☐ **useless**[júːslis] 유ː슬리ㅅ · 형 쓸모없는, 소용없는

☐ **tadpole**[tǽdpòul] 태드포울 · 명 올챙이

☐ **tail**[teil] 테이을 · 명 꼬리

☐ **no longer** · 더 이상 ~이 아닌

☐ **disappear**[dìsəpíər] 디쓰어피어r · 동 사라지다

☐ **affect**[əfékt] 어펙ㅌ · 동 ~에 영향을 미치다
cf. effect 영향

☐ **prevent A from B** · A가 B하지 못하게 하다

   prevent[privént] 프뤼벤ㅌ · 동 막다, 방지하다

☐ **disease**[dizíːz] 디지ː즈 · 명 병, 질병

☐ **spread**[spred] 스쁘뤠ㄷ · 동 퍼지다, 확산되다; 펴다, 펼치다

☐ **remarkable**[rimáːrkəbl] 뤼마ːr커블 · 형 놀라운, 주목할 만한

타이타닉 호의 감동 실화

☐ **passenger ship** 여객 수송선

　　passenger[pǽsəndʒər] 패씬줘*r* 명 승객

☐ **journey**[dʒə́ːrni] 줘ː*r*니 명 여행, 여정

☐ **on board** 승선한, 탑승한

☐ **unfortunately**[ʌnfɔ́ːrtʃənitli] 언퍼*r*춰닐리 부 불행하게도

☐ **departure**[dipáːrtʃər] 디파ː*r*춰*r* 동 출발 (↔ arrival 도착)

☐ **strike**[straik] 스뜨롸이크 명 부딪치다, 치다(-struck-struck)

☐ **iceberg**[áisbəːrg] 아이스버ː*r*그 명 빙산

☐ **sink**[siŋk] 씽크 동 가라앉다

☐ **escape**[iskéip] 이스케이프 동 탈출하다, 달아나다

☐ **lifeboat**[láifbòut] 라잎보우트 명 구명보트, 구조선

☐ **rescue**[réskjuː] 레스큐ː 동 구하다, 구조하다 명 구조, 구출

☐ **transfer**[trænsfɔ́r] 트랜스퍼ː*r* 동 갈아타다, 환승하다

☐ **get into** ~에 들어가다 (타다)

☐ **room**[ruːm] 루ː움 명 자리 (공간); 방

☐ **suddenly**[sʌ́dnli] 써든리 부 갑자기

☐ **take one's place** ~의 자리를 차지하다

24 사과를 사랑한 남자, 존 채프먼   pp. 78~79

☐ **American**[əmérikən] 어<u>뭬</u>리컨   몡 미국인 혱 미국적인

☐ **be born**   태어나다

☐ **own**[oun] <u>오</u>운   통 소유하다 혱 자신의, 스스로 하는

☐ **field**[fiːld] <u>피</u>ː일ㄷ   몡 밭, 들판

☐ **childhood**[tʃáildhùd] <u>촤</u>일드후ㄷ   몡 어린 시절

☐ **taste**[teist] <u>테</u>이스트   몡 맛

☐ **shape**[ʃeip] <u>쉐</u>잎   몡 모양, 형태

☐ **plant**[plænt] <u>플</u>랜트   통 (나무, 씨앗 등을) 심다 몡 식물; 시설

☐ **manage to**   애를 써서 ~해내다

☐ **free**[friː] <u>프</u>뤼ː   혱 공짜의, 무료의

☐ **seed**[siːd] <u>씨</u>ː드   몡 씨앗

☐ **thanks to**   ~ 덕분에, 때문에

☐ **effort**[éfərt] <u>에</u>퍼rㅌ   몡 노력

☐ **spread**[spred] <u>스쁘</u>뤠ㄷ   통 퍼지다, 확산되다

☐ **feed**[fiːd] <u>피</u>ː드   통 먹이다, 먹여 살리다(-fed-fed)

Unit **9**

☐ **chew**[tʃuː] 츄:	동 씹다
☐ **get rid of**	제거하다, 없애다
☐ **bad breath**	입 냄새
☐ **test**[test] 테스트	동 실험하다, 시험하다
☐ **effect of A on B**	A가 B에 미치는 영향
effect[ifékt] 이펙트	명 영향, 효과
☐ **divide A into B**	A를 B로 나누다[가르다]
divide[diváid] 디바이드	동 나누다, 가르다
☐ **memorize**[mémərài z] 메머롸이즈	동 암기하다
memory[méməri] 메머뤼	명 기억력, 기억
☐ **according to**	~에 따르면
☐ **increase**[inkríːs] 인크뤼:쓰	동 증가시키다, 늘리다; 증가하다
☐ **blood flow**	혈류(량)
blood[blʌd] 블러드	명 피
☐ **brain**[brein] 브뤠인	명 두뇌
☐ **active**[ǽktiv] 액티브	형 활동적인, 활발한
☐ **as a result**	결과적으로
☐ **improve**[imprúːv] 임프루:브	동 나아지다, 개선되다
☐ **excuse**[ikskjúːs] 익스큐:스	명 핑계, 변명
☐ **in class**	수업 중에
☐ **nervous**[nə́ːrvəs] 너:r버스	형 불안해 하는, 긴장한

26 세상에서 가장 짠 호수, 사해 pp. 88~89

☐ **poor** [puər] 푸어*r* ⓗ 잘 못하는, 실력 없는; 가난한

☐ **float** [flout] 플로우트 ⓓ 뜨다, 떠가다

☐ **effort** [éfərt] 에퍼*r*트 ⓜ 노력, 수고

☐ **located** [lóukeitid] 로우케이티드 ⓗ ~에 위치한

☐ **border** [bɔ́:rdər] 보:*r*더*r* ⓜ 국경, 경계

☐ **surface** [sə́:rfis] 써:*r*피ㅆ ⓜ 수면, 표면, 지면

☐ **lie** [lai] 라이 ⓓ 눕다, 누워 있다(-lay-lain/lying)

☐ **low lying land** 낮은 땅, 저지대

☐ **surrounding** [səráundiŋ] 써롸운딩 ⓗ 주위의, 근처의

☐ **area** [ɛ́əriə] 에어뤼어 ⓜ 지역; 분야

☐ **unlike** [ʌnláik] 언라이ㅋ ⓟ ~와는 달리(↔ like ~처럼)

☐ **the only** 유일한

☐ **way out** 탈출법(구); 해결책

☐ **salty** [sɔ́:lti] 썰티 ⓗ 짠, 소금을 함유한

☐ **in fact** 사실, 실제로

☐ **normal** [nɔ́:rməl] 노:*r*멀 ⓗ 보통의, 평범한

☐ **ocean** [óuʃən] 오우션 ⓜ 바다, 해양

☐ **dense** [dens] 덴스 ⓗ 밀도가 높은

☐ **extremely** [ikstrí:mli] 익스트륌리 ⓟ 매우, 극도로

☐ **salt content** 염분(소금기의 정도)

　content [kántent] 칸텐트 ⓜ 함유량, 함량

☐ **survive** [sərváiv] 써*r*바이ㅂ ⓓ 살아남다, 생존하다

☐ **altitude** [ǽltitjùːd] 앨티튜:드 ⓜ 고도

☐ **out of** ~의 밖으로

27 격한 감정은 가방에 넣어라!

☐ **feeling** [fíːliŋ] 필링	명 감정, 기분
☐ **regret** [rigrét] 뤼그레트	동 후회하다
☐ **later** [léitər] 레이러r	부 나중에
☐ **situation** [sìtʃuéiʃən] 씨츄에이션	명 상황, 처지
☐ **emotional** [imóuʃənəl] 이모우셔널	형 감정의, 정서의 cf. emotion 감정, 정서
☐ **backpack** [bǽkpæ̀k] 백팩	명 배낭
☐ **that is**	즉, 말하자면
☐ **instead of**	~대신에
☐ **deal with**	처리하다, 다루다
☐ **then** [ðen] 덴	부 그때; 그러고 나서
☐ **until** [əntíl] 언틸	접 ~할 때까지
☐ **calm down**	진정하다; 진정시키다
☐ **suppose** [səpóuz] 써포우즈	동 가정하다; 생각하다
☐ **unpleasant** [ʌnplézənt] 언플레전트	형 불쾌한, 불편한 (↔ pleasant 즐거운, 좋은)
☐ **take a test**	시험을 보다
☐ **feel like ~ing**	~하고 싶다
☐ **yell** [jel] 옐	동 소리지르다, 고함치다
☐ **keep ~ing**	계속 ~하다
☐ **add** [æd] 애드	동 더하다 (↔ subtract 빼다)
☐ **burst out**	폭발하다, 터지다
☐ **for no reason**	이유 없이
☐ **once in a while**	가끔
☐ **pull out**	꺼내다, 뽑다

☐ **bother** [báðər] 바더r   동 괴롭히다, 신경 쓰이게 하다

☐ **politely** [pəláitli] 펄라잍리   부 공손히, 예의 바르게

☐ **upset** [ʌpsét] 업쎌   동 속상하게 하다

☐ **describe** [diskráib] 디스크라이브   동 말하다, 서술하다
cf. description 설명, 묘사

☐ **without ~ing**   ~하지 않고

☐ **accuse** [əkjúːz] 어큐:ㅈ   동 비난하다

☐ **misunderstanding** [mìsʌndərstǽndiŋ]
미쓰언더r스탠딩   명 오해

☐ **apologize** [əpálədʒàiz] 어팔러좌이ㅈ   동 사과하다

☐ **unintentionally** [ʌninténʃənəli] 언인텐셔널리   부 본의 아니게, 무심코
cf. intention 의도, 의향

☐ **take care of**   ~을 처리하다; ~을 돌보다

☐ **painful** [péinfəl] 페인펄   형 괴로운, 고통스러운 *cf.* pain 고통

☐ **blame** [bleim] 블레임   동 ~을 탓하다, 비난하다

Unit 10

28 화성, 제2의 지구 pp. 92~93

- ☐ **Mars**[mɑːrz] 마ːrㅈ — 명 화성
- ☐ **scenery**[síːnəri] 씨ː너뤼 — 명 경치, 광경
- ☐ **comfortable**[kʌ́mfərtəbl] 컴퍼r터블 — 형 편안한, 쾌적한
- ☐ **average**[ǽvəridʒ] 애버리쥐 — 형 평균의
- ☐ **temperature**[témpərətʃər] 템퍼러춰r — 명 온도, 기온
- ☐ **°C** — 섭씨 ~도 (= ~degrees Celsius)
- ☐ **degree**[digríː] 디그뤼ː — 명 도(온도의 단위)
- ☐ **Celsius**[sélsiəs] 쎌씨어ㅅ — 명 섭씨
- ☐ **below zero** — 영하의
  - **below**[bilóu] 빌로우 — 부 아래에, 밑에
- ☐ **liquid**[líkwid] 리퀴ㄷ — 형 액체의, 액체 형태의
- ☐ **frozen**[fróuzən] 프로우즌 — 형 언, 얼어붙은
- ☐ **giant**[dʒáiənt] 좌이언ㅌ — 형 거대한
- ☐ **reflect**[riflékt] 뤼플렉ㅌ — 동 반사하다; 비추다 *cf.* reflection 반사; 반영
- ☐ **sunlight**[sʌ́nlàit] 썬라이ㅌ — 명 햇빛, 일광
- ☐ **melt**[melt] 멜ㅌ — 동 녹(이)다
- ☐ **provide A for B** — A를 B에게 공급 하다 (=provide B with A)

29 상어와 인간의 공통점

pp. 94~95

□ **shark** [ʃɑːrk] 샤r크   몡 상어

□ **fish tank**   수조

□ **fully** [fúli] 풀리   뷔 완전히

□ **mind** [maind] 마인ㄷ   몡 사고, 생각; 마음

□ **accept** [əksépt] 억쎕ㅌ   툉 받아들이다

□ **common** [kámən] 카먼   혱 평범한, 보통의 (↔ uncommon)

□ **grow up**   성장하다, 자라다

□ **take in**   ~을 받아들이다

□ **hold** [hould] 호울ㄷ   툉 유지하다

□ **comfort zone**   안전지대

     comfort [kámfərt] 컴퍼r트   몡 편안함; 위로

□ **challenge** [tʃǽlindʒ] 챌린쥐   툉 (힘든 일에) 도전하다; 도전 의식을 북돋우다

□ **experience** [ikspí(ː)əriəns] 익스삐어뤼언ㅅ   툉 경험하다, 겪다

□ **normally** [nɔ́ːrməli] 노r멀리   뷔 보통은, 보통 때는

□ **go on an adventure**   모험을 떠나다

□ **develop** [divéləp] 디벨러ㅍ   툉 발달하다

□ **dangerous** [déindʒərəs] 데인줘러ㅆ   혱 위험한

□ **bacteria** [bæktíəriə] 백**티**리아　　　　　명 박테리아, 세균

□ **harmful** [háːrmfəl] **하**ːr암펄　　　　　　형 해로운 *cf.*harm 손해, 피해

□ **stomach** [stʌ́mək] 스**떠**머ㅋ　　　　　　명 위, 위장

□ **trillion** [tríljən] 츄**뤼**리언　　　　　　　명 1조 *cf.* million 백만

□ **host** [houst] **호**우스트　　　　　　　　　명 숙주

□ **in return**　　　　　　　　　　　　　　답례로, 보답으로

□ **take part in**　　　　　　　　　　　　～에 참가[참여]하다

□ **break down**　　　　　　　　　　　　분해하다, ～을 부수다

□ **digest** [daidʒést] 다이**쮀**스트　　　　동 (음식을) 소화시키다, 소화하다

□ **get rid of**　　　　　　　　　　　　　제거하다

□ **waste** [weist] **웨**이스트　　　　　　　명 노폐물; 쓰레기

□ **fight off**　　　　　　　　　　　　　～와 싸워 물리치다

□ **survive** [sərváiv] 써r**바**이ㅂ　　　　　동 살아남다, 생존하다

□ **illness** [ílnis] **일**니ㅆ　　　　　　　　명 병, 아픔 *cf.* ill 아픈, 잘못된

□ **in short**　　　　　　　　　　　　　간단히 말하면

Unit 11

□ **throughout history**   역사를 통틀어, 예로부터

□ **borrow**[bárou] 바로우   ⑧ 차용하다; 빌리다

□ **French**[frentʃ] 프렌취   ⑲ 프랑스어; 프랑스인 ⑱ 프랑스의

□ **influence**[ínfluəns] 인플루언ㅆ   ⑧ ~에 영향을 주다 ⑲ 영향

□ **expression**[ikspréʃən] 익스프뤠션   ⑲ 어구, 표현

□ **start out**   (~으로) 시작하다

□ **humorous**[hjúːmərəs] 휴ː머러ㅆ   ⑱ 재미있는, 유머러스한

□ **imitation**[ìmitéiʃən] 이미테이션   ⑲ 흉내내기, 모방

□ **incorrect**[ìnkərékt] 인커뤡트   ⑱ 틀린, 맞지 않는 (↔ correct 맞는, 정확한)

□ **idiom**[ídiəm] 이디엄   ⑲ 관용구, 숙어

□ **phrase**[freiz] 프레이ㅈ   ⑲ 구, 관용구

□ **lose face**   체면을 잃다

□ **direct translation**   직역

    direct[dirékt] 디뤡트   ⑱ 직접적인, 직접의

    translation[trænsléiʃən] 트뤤스레이션   ⑲ 번역; 통역

□ **perfectly**[pə́ːrfiktli] 퍼ːr픽트리   ⑨ 완전히, 완벽하게

□ **acceptable**[əkséptəbl] 억쎕터블   ⑱ 용인되는, 받아들여지는
       cf. accept 받아들이다

□ **widely**[wáidli] 와이들리   ⑨ 널리

□ **conversation**[kɑ̀nvərséiʃən] 컨버r쎄이션   ⑲ 회화, 대화

□ **for instance**   예를 들어

□ **long time no see**   오랜만이다

□ **proper**[prápər] 프롸퍼r   ⑱ 제대로 된, 올바른

☐ **thin**[θin] 씬 — 혱 마른 (↔ fat 뚱뚱한)

☐ **overweight**[òuvərwéit] 오우버r웨이트 — 혱 비만의, 과체중의

☐ **professor**[prəfésər] 프러페써r — 몡 교수

☐ **conduct an experiment** — 실험을 실시하다

  conduct[kəndʌ́kt] 컨덕트 — 동 하다

☐ **burn**[bəːrn] 버:r언 — 동 연소하다, 태워 없애다

☐ **lie**[lai] 라이 — 동 눕다 (-lay-lain)
  cf. lie-lied-lied (거짓말하다)

☐ **do nothing but** — ~하기만 하다

☐ **breathe**[briːð] 브리:드 — 동 숨 쉬다 *cf.* breath 숨, 호흡

☐ **measure**[méʒər] 메줘r — 동 측정하다

☐ **result**[rizʌ́lt] 뤼절트 — 몡 결과

☐ **cause**[kɔːz] 커:즈 — 동 ~을 야기하다, 초래하다 몡 원인

☐ **difference**[dífərəns] 디퍼런ㅆ — 몡 차이, 다름 *cf.* different 다른

☐ **major**[méidʒər] 메이줘r — 혱 주요한, 중대한 (↔ minor 소수의; 사소한)

☐ **effect**[ifékt] 이펙트 — 몡 효과; 결과

☐ **gene**[dʒiːn] 쥐:인 — 몡 유전자

☐ **opposite**[ápəzit] 아퍼지트 — 몡 반대 혱 반대의

☐ **get over** — 극복하다 (=overcome)

☐ **weakness**[wíːknis] 위:크니ㅆ — 몡 약점 *cf.* strength 강점

☐ **exercise**[éksərsàiz] 엑써r사이ㅈ — 몡 운동 동 운동하다

33   시험 공부, 어려운 과목을 먼저!   pp. 106~107

☐ **subject** [sʌ́bdʒikt] 써브직트   몡 과목; 화제, 대상

☐ **psychologist** [saikálədʒist] 싸이칼러쥐스트   몡 심리학자

☐ **digest** [daidʒést] 다이줴스트   통 (음식, 지식 등을) 소화하다

☐ **break** [breik] 브뤠이크   몡 휴식, 쉬는 시간

☐ **empty** [émpti] 엠프티   혱 비어 있는, 빈

☐ **fresh** [freʃ] 프레쉬   혱 생기 넘치는, 활발한

☐ **accept** [əksépt] 억쎕트   통 받아들이다, 수용하다

☐ **not ~ any more**   더 이상 ~ 않다 (= not ~ any longer)

☐ **take in**   ~을 받아들이다, 흡수하다

☐ **introduce** [ìntrədjúːs] 인트러듀쓰   통 접하게 하다, 소개하다

☐ **probably** [prábəbli] 프롸버블리   뤼 아마도

☐ **get results**   결과를 얻다, 결과를 거두다

    result [rizʌ́lt] 뤼절트   몡 결과

☐ **the same with**   ~도 마찬가지다

Unit **12**

□ **storyteller**[stɔ́ːritèlər] 스터ː뤼텔러r   몡 이야기꾼, 스토리텔러

□ **action**[ǽkʃən] 액션   몡 활동; 행동

□ **scene**[siːn] 씨ː인   몡 장면, 광경

□ **detail**[díteil] 디테일   몡 상세한 내용, 세부 사항

□ **state**[steit] 스떼이ㅌ   동 말하다, 진술하다

□ **opinion**[əpínjən] 어피니언   몡 의견

□ **cough**[kɔːf] 커ː프   동 기침하다

□ **nose is running**   콧물이 흐르다

□ **lead ~ to ...**   ~가 …하게 하다

□ **imagination**[imæ̀dʒənéiʃən] 이매줘네이션   몡 상상력

□ **come to a conclusion**   결론에 도달하다

    conclusion[kənklúːʒən] 컨클루ː줜   몡 결론

□ **include**[inklúːd] 인클루ː드   동 포함하다

□ **colorful**[kʌ́lərfəl] 컬러r펄   혱 생생한, 흥미진진한; 다채로운

□ **description**[diskrípʃən] 디스크립션   몡 표현, 묘사, 서술

□ **so that ~ can ...**   ~가 …하기 위하여, …할 수 있도록

□ **physically**[fízikəli] 피지컬리   븐 신체적으로

□ **cheerful**[tʃíərfəl] 취어r펄   혱 기분이 좋은; 명랑한

□ **scared**[skɛərd] 스케어r드   혱 겁먹은, 무서워하는

□ **necessity**[nəsésəti] 너쎄써디   몡 필요성

□ **greet**[griːt] 그뤼ː트   동 인사하다, 환영하다

□ **water**[wɔ́ːtər] 워ː러r   동 침이 나오다, 군침이 돌다 몡 물

□ **horror movie**   공포 영화

35 도도새는 왜 사라졌을까?

pp. 112~113

☐ **Portuguese** [pɔ̀ːrtʃəɡíːz] 포ːr처기ː 즈 — 형 포르투갈의 명 포르투갈어; 포르투갈인

☐ **sailor** [séilər] 쎄일러r — 명 선원 *cf.* sail 항해하다

☐ **natural enemy** — 천적

　enemy [énəmi] 에너미 — 명 적, 적대자

☐ **feed on** — ~을 먹고 살다

　feed [fiːd] 피ː드 — 동 음식을 주다 명 먹이

☐ **nut** [nʌt] 너트 — 명 견과

☐ **fall on** — ~위에 떨어지다

☐ **ground** [graund] 그롸운드 — 명 땅

☐ **human** [hjúːmən] 휴ː먼 — 명 인간, 사람

☐ **stupid** [stjúːpid] 스뜌ː삐 드 — 형 바보; 어리석은, 멍청한

☐ **hunt** [hʌnt] 헌트 — 동 사냥하다 *cf.* hunting 사냥

☐ **once** [wʌns] 원쓰 — 부 (과거) 한때, 언젠가

☐ **continue** [kəntínjuː] 컨틴뉴ː — 동 계속하다

☐ **disappear** [dìsəpíər] 디쓰어피어r — 동 사라지다

☐ **home to ~** — ~의 서식지, 본고장

☐ **graveyard** [gréivjàːrd] 그뤠이브야ːr드 — 명 묘지

☐ **gentle** [dʒéntl] 췐뜰 — 형 온순한

☐ **welcome** [wélkəm] 웰컴 — 동 환영하다

☐ **cruel** [krúːəl] 크루ː얼 — 형 잔인한, 잔혹한

☐ **paradise** [pærədàis] 패뤄다이쓰 — 명 낙원, 천국

☐ **normal** [nɔ́ːrməl] 노ː*r*멀   형 보통의, 평범한 (↔ abnormal 비정상적인)

☐ **scary** [skɛ́əri] 스께어뤼   형 무서운, 겁나는

☐ **heart disease**   심장병

☐ **immediately** [imíːdiətli] 이미ː디엍리   부 즉시, 곧

☐ **examine** [igzǽmin] 이그재민   동 검사하다 *cf.*examination 조사, 검사

☐ **curious** [kjúəriəs] 큐어리어스   형 궁금한

☐ **terrible** [térəbl] 테뤄블   형 끔찍한, 이상한

☐ **secretly** [síːkritli] 씨ː크륕리   부 은밀히, 비밀로

☐ **remove** [rimúːv] 리무ː브   동 ~을 떼어내다, 제거하다

☐ **protest** [proutést] 프로테스트   동 ~에 항의하다, 이의를 제기하다

☐ **in the end**   마침내, 결국

☐ **manage to**   가까스로 ~하다

☐ **approval** [əprúːvəl] 어프루벌   명 승인, 허가

☐ **conduct** [kəndʌ́kt] 컨덕트   동 하다, 행하다

☐ **eventually** [ivéntʃuəli] 이벤춸리   부 마침내, 결국

☐ **hand ~ over**   ~을 넘겨주다

☐ **unusual** [ənjúːʒuəl] 언유쥬얼   형 특이한

☐ **responsible** [rispánsəbl] 뤼스판써블   형 담당의; 책임지고 있는

☐ **mathematical** [mæ̀θəmǽtikəl] 매써매티컬   형 수학의, 수리의 *cf.*mathematics 수학

☐ **wrinkle** [ríŋkl] 륑클   명 주름

☐ **abnormality** [æ̀bnɔːrmǽləti] 애브노ː*r*맬러티   명 이상, 비정상

☐ **achievement** [ətʃíːvmənt] 어취ː브먼트   명 성취, 업적

☐ **overly** [óuvərli] 오우벌*r*리   부 몹시, 지나치게